Noah Sow (ed.)

DEUTSCHER HUMOUR

Noah Sow (ed.)

DEUTSCHER HUMOUR.

1. Auflage

Herstellung und Verlag:
BoD – Books on Demand, Norderstedt
ISBN 978-3-7386-1973-7

Bibliografische Information der Deutschen Nationalbibliothek.
Die Deutsche Nationalbibliothek verzeichnet diese Publikation
in der Deutschen Nationalbibliografie.

Deutscher Humor
Softcover Buch &
E-book zum Spottpreis
ISBN 978-3-7386-1973-7

German Humour
The English Version
Buch und e-book
ISBN 978-3-7386-2046-7